MARCO POLO

PLATTENSEE

Ins

Diese Tipp
Empfehl
Sie sind

Fünf Symbole sollen Ihnen
die Orientierung in diesem Führer erleichtern:

★

für Marco Polo Tipps – die besten in jeder Kategorie

für alle Objekte, bei denen Sie auch eine schöne Aussicht haben

für Plätze, wo Sie bestimmt viele Einheimische treffen

für Treffpunkte für junge Leute

(110/A 1)
Seitenzahlen und Koordinaten für den Reiseatlas Plattensee
(U/A 1) *Koordinaten für die Übersichtskarte im vorderen Umschlag*
(**O**) *außerhalb des Kartenausschnitts*
Zu Ihrer Orientierung sind auch die Objekte mit Koordinaten versehen, die nicht im Reiseatlas eingetragen sind.

Diesen Führer schrieb Rita Stiens.
Die Journalistin und Buchautorin lebt zeitweise
in der Nähe von Siófok am Plattensee.

Die Marco Polo Reihe wird herausgegeben von Ferdinand Ranft.

Die aktuellsten Insider-Tipps finden Sie im Internet unter www.marcopolo.de

MAIRS GEOGRAPHISCHER VERLAG

Unsere Autoren haben nach bestem Wissen recherchiert. Trotzdem schleichen sich manchmal Fehler ein, für die der Verlag keine Haftung übernehmen kann.

Titelbild: Thermalwassersee in Héviz (F. Ihlow)
Fotos: R. Hackenberg (4, 14, 16, 18, 20, 33, 37, 48, 55, 62, 64, 72, 90);
F. Ihlow (9, 10, 24, 28, 31, 42, 44, 50, 57, 60, 71, 76, 78, 82, 88, 92);
Mauritius: Hubatka (109)

1. Auflage 2001; © Mairs Geographischer Verlag, Ostfildern
Chefredakteurin: Marion Zorn
Lektorat: Elke Nicolini
Gestaltung: Thienhaus/Wippermann (Büro Hamburg)
Kartografie Reiseatlas: Mairs Geographischer Verlag/Falk Verlag, Ostfildern
Sprachführer: in Zusammenarbeit mit dem Ernst Klett Verlag für Wissen und Bildung GmbH, Redaktion PONS Wörterbücher

Printed in Germany
Gedruckt auf 100% chlorfrei gebleichtem Papier

INHALT

Entdecken Sie das »Ungarische Meer«!

Der Plattensee gewinnt – von den Ufern bis ins Hinterland – mehr und mehr an Zauber und Flair

Wollt ich Glückseligkeit mit einer Landschaft ausdrücken, würde ich den Balaton wählen«, preist der ungarische Schriftsteller Tibor Déry den Reiz dieses größten Sees in Mitteleuropa – und er spricht mit seiner Hymne vielen Ungarn aus der Seele. Für sie ist der Balaton, auf Deutsch Plattensee, mehr als ein See: Er ist das »Ungarische Meer«, ihr Stolz, ein Hort der Glückseligkeit. Sitzt man bei strahlendem Sonnenschein in einer *csárda* am Hügel, mit weitem Blick über Wein, kleine Kelterhäuser und die glitzernde Wasserfläche, ist man nur zu geneigt, die Euphorie zu teilen. Noch größer ist das Glücksgefühl, erlebt man den See aus der Bordperspektive, beim Rundumtörn mit einer Segelyacht: Als schmiege sie sich ans Ufer, liegt Keszthely, die aristokratisch-städtische Perle des Nordwestens, im Windschatten des Keszthely-Gebirges; spitz lugt das Land bei Balatongyörök

Boote vor blauem Hintergrund – Himmel, See und Berge in Balatonföldvár

aus dem See, zieht sich bis Szigliget zu einer weiten Innenbucht zurück, schiebt sich nur wenige Kilometer weiter mit dem breiten Fuß des Weinbergs Badacsony trutzig ins Wasser und bildet bis zur markantesten Ausbuchtung des Nordens, der Halbinsel Tihany, eine sanft geschwungene Linie.

Tihany lässt dem Balaton zum Südufer nur eine Schneise von 1,5 km, doch dieser Enge folgt die Weite des östlichen Beckens mit seinen ruhigen langen Ufern. Als wolle es dem See nachdrücklich Einhalt gebieten, erhebt sich im Osten das Hochufer von Balatonkenese.

Ganz anders das Landschaftsbild im Süden. Hier säumen die flachen Ausläufer der Somogyer Hügel das Ufer. Aus der großen westlichen Niederung ragen allein die Gipfel der Berge von Fonyód und von Balatonboglár heraus. Ab Balatonszárszó in der Ufermitte kommen die Höhenzüge dem Balaton wieder sehr nahe und laufen bis Siófok im Osten in Buckelwellen aus.

Von der Seeseite betrachtet dominiert die Weite, an Land

hält der Verkehr den Balaton fest umschlungen. Die erste Schleife um den See zieht die Eisenbahn, die zweite die ebenfalls rundum verlaufende Autoschneise 7 bzw. 71. Beide prägen das Bild nachhaltig und bewirken eine weitgehend einheitliche Struktur der Dörfer, die von Bahn und Straße durchschnitten werden. Zwischen der ufernahen Bahn und dem See liegen in der Regel die Urlaubsreviere mit ihren Strandbädern, Cafés, Restaurants, Hotels und Ferienhäusern.

Nach wie vor überwiegt an den Balaton-Ufern der Badetourismus einfacheren Zuschnitts. Aber inzwischen finden auch anspruchsvollere Natururlauber, was sie suchen: vom erstklassigen Reiterhof über den geschmackvollen Landgasthof bis zum stilvollen Hotel. Eingebettet sind diese Entspannungsoasen in Naturlandschaften, Dörfer und Städtchen, die viel von ihrem ursprünglichen Charakter zurückgewonnen haben. Einen Löwenanteil der kulturellen und atmosphärischen Attraktionen steuern die Plattensee-Vergangenheit, die Rückbesinnung auf regionale und dörfliche Traditionen und den Wert der Natur bei.

Bewohnt ist die Balaton-Region schon seit Urzeiten, wie 50 000 Jahre alte archäologische Zeugnisse belegen. Zu Beginn der modernen Zeitrechnung herrschen die Römer hier und nennen die Provinz, zu der auch der Plattensee gehört, Pannonia. Transdanubien heißt dieses Landschaftsgebiet heute, und der Balaton ist nach wie vor seine Mitte und sein Herz.

Mit 38 000 km^2 macht Transdanubien gut ein Drittel Ungarns aus. Hier hat man es zum höchsten Wohlstand im Land gebracht. Nahe am Plattensee liegt die erste ungarische Stadtgründung, das 45 km entfernte Székesfehérvár mit seiner wunderbar restaurierten Altstadt. Dort, im ehemaligen Alba Regia, fanden die königlichen Hochzeiten statt, wurden die Herrscher gekrönt und zu Grabe getragen.

Der erste in der Reihe der ungarischen Könige ist Stephan I. (997–1038). Seine Inthronisation beschert der Balaton-Region eine Zeit der kulturellen Blüte, denn auch der Sitz der Königin, die Burg Veszprém, liegt nur 35 km vom Nordufer entfernt und ist heute ein touristischer Anziehungspunkt.

Die Burgen des Balaton-Oberlandes erzählen von Jahrhunderten des Kampfes, der Fremdherrschaft und Zerstörung. Furchtbare Opfer forderte die 150 Jahre währende türkische Besetzung, der auch nahezu alle Kirchen zum Opfer fielen. Heute tragen die romantisch anmutenden Ruinen wie auch die zahlreichen während der Reformation und der Gegenreformation errichteten Kirchen viel zum Charme der Dörfer bei.

Eine Oase des Vergnügens ist der Plattensee bereits seit einigen hundert Jahren. Vor allem das 19. Jh. hat attraktive Spuren hinterlassen, denn es war die ungarische Aristokratie, die neue wirtschaftliche Impulse gab und den Balaton als Hort der Entspannung entdeckte. Keszthely, die älteste Stadt am Westufer, prunkt noch immer mit einem der schönsten ungarischen Schlösser, dem Schloss Festetics. Anfang des 19. Jhs. wurde Bala-

Geschichtstabelle

20 000 v. Chr.
Der Plattensee entsteht durch Verschiebung der Erdkruste, Erosion und Zufluss von Wasser

11 n. Chr.
Zu der von Kaiser Tiberius gegründeten Provinz Pannonia gehört auch der Balaton. Die Völkerwanderung macht der Römerzeit im 5. Jh. ein Ende

900
Nach Jahrhunderten wechselnder Besiedelung erobern die von Árpád geführten ungarischen Stämme auch das Balaton-Gebiet

1001
Seit dem ersten ungarischen König Stephan I. gehören große Teile des Balaton zum königlichen Gebiet. Hier werden im 11. und 12. Jh. eine Reihe von Klöstern gegründet, z.B. die Abtei von Tihany

1526–1687
Mit der Niederlage in der Schlacht bei Mohács beginnt die türkische Besetzung. Viele Balaton-Orte werden völlig zerstört. 1687 schlägt das Habsburger Heer die Türken zurück

1703–1711
Der Unabhängigkeitskampf unter Fürst Ferenc II. Rákóczi gegen die Habsburger scheitert. Die folgenden Jahrzehnte Habsburger Herrschaft sind auch eine Zeit des Wiederaufbaus. So werden z.B. im Balaton-Gebiet viele der zerstörten Kirchen im Barockstil neu errichtet

1822
Eröffnung des ersten Badehauses in Balatonfüred. Der Ort wird – unter Führung von Graf Széchenyi, dem Dichter Kisfaludy und dem Politiker Kossuth – zum Zentrum der Opposition gegen die Habsburger

1831
Auf Initiative Sándor Kisfaludys wird das erste feste Theater Transdanubiens in Balatonfüred eröffnet

1846
István Graf Széchenyi gründet die Balaton-Dampfschifffahrtsgesellschaft. Der erste Dampfer (»Kisfaludy«) startet am 21. Sept. 1846 zu seiner Jungfernfahrt

1861
Der Eisenbahnbau trägt wesentlich zur Entwicklung der Plattensee-Region bei

1867
Doppelmonarchie Österreich-Ungarn. Sie zerfällt 1918/19 und Ungarn wird selbstständig

1949
Ungarn wird eine Volksrepublik und der Plattensee zum begehrtesten Urlaubsziel des Ostens

1989
Ausrufung der Republik Ungarn am 23. Oktober; am 2. Mai 1990 konstituierende Sitzung des ersten frei gewählten Parlaments

1999
Ungarn wird in die NATO aufgenommen und der Beitritt zur EU angestrebt

tonfüred zum Mekka der Blaublütigen, Intellektuellen und Künstler; 1846 gründete István Graf Széchenyi die Balaton-Dampfschifffahrtsgesellschaft und 1894 den Badeort Balatonföldvár. Da die Prominenz standesgemäß wohnen und sich amüsieren wollte, brach ein regelrechter Bauboom aus: Man errichtete am Ufergürtel prächtige Villen und schlossartige Wochenendhäuser, renommierte Gartenarchitekten schufen Parks und Promenaden, Segelhäfen wurden gebaut.

Der Bruch zwischen Vergangenheit und Neubeginn nach dem Zweiten Weltkrieg hätte abrupter nicht sein können. Die einstige Spielwiese der Nobilitäten und Wohlsituierten wurde zur Hochburg sozialistischer Urlaubsorganisation. Zu den Bettenburgen, Ferienlagern und Campingplätzen gesellten sich aber auch Reihen von Privathäusern und privaten Ferienhäusern.

So begehrt der Plattensee war und ist – im Hinterland gerieten ganze Regionen ins wirtschaftliche Abseits. Dörfer wie Salföld oder Kapolcs im Káli-Becken starben regelrecht aus. Die Häuser verfielen, aber der alte Dorfcharakter und die historische Bausubstanz blieben erhalten. Kleinadelige, Handwerker, Händler, Bauern, Winzer und der Klerus bauten sich hier im 18./19. Jh. stuckverzierte Herrenhäuser, so genannte *Kurien,* reetgedeckte Höfe mit Laubengängen, Anwesen mit den typischen geschwungenen Giebeln, kunstvoll gestaltet bis zum Schornstein. Inzwischen sind einige dieser Dörfer restauriert und zählen zu den schönsten am Plattensee. Eine andere Schokoladenseite des Balaton sind die von der Natur verwöhnten Weinanbaugebiete, vor allem rund um den Badacsony. Noch hat der Balaton ausgesprochen unterschiedliche Gesichter: Welten liegen zwischen dem Budenzauber mit aufblasbaren Riesenrutschen und ratternden Spielautomaten an manchen Uferabschnitten und stillen, schilfbestandenen Buchten, in denen bunte Holzboote dümpeln; zwischen dem Abendtrubel an Siófoks Uferpromenade Petőfi sétány und einem Abendspaziergang entlang der kleinen Serpentinenstraßen in Szigliget. Bei der Folklore lebt man auch am Balaton von einem Klischee, das zu seiner eigenen

Zahlen und Fakten zum Plattensee

77 km lang ist das Bett des Balaton. Seine Ufer erstrecken sich auf 196 km, und er liegt 104,5 m über dem Meeresspiegel; 598 km^2 beträgt die Wasserfläche. Im Osten, zwischen Alsóörs und Siófok, ist der Plattensee mit 12 km am breitesten, zwischen der Fährstation Szántód am Südufer und der Spitze der Halbinsel Tihany mit 1,5 km am schmalsten. Die Wassertiefe liegt im Schnitt bei 3–4 m. Im Süden kann man Hunderte von Metern durch seichtes Wasser waten – ideal für Ferien mit Kindern. Am Nordufer geht es bereits kurz hinter dem Ufer 1 oder 2 m in die Tiefe.

Über die Weinberge hinweg ein Blick auf Badascony und den Balaton

Realität geworden ist: Ungarn – das ist der feurig aufspielende Cigány, das sind Pferdehirten, Kutschentrecks und die Rast bei einem Kesselgulasch über dem offenen Feuer. Diese Erwartungen der Gäste will man auch am Balaton nicht enttäuschen.

Dennoch: Wer einmal mit der Kutsche durch die herrlichen Hügellandschaften zog, einen guten Koch am Kessel, eine Weinprobe im Keller einer Winzerfamilie und eine anfeuernde Tanztruppe erlebte, lässt sich gerne ein zweites Mal von solcher Romantik einspinnen.

Ureigene Plattensee-Traditionen leben jedoch in erster Linie auf Hochzeiten in den Dörfern, an Feiertagen wie Ostern, an Dorffesten wie Kirchweih und in den Weinorten fort.

Den größten Plattensee-Genuss aber bietet der Balaton selber: Eine seiner schönsten Facetten ist das faszinierende Zusammenspiel von Himmel und Wasser, das die Besucher immer wieder aufs Neue in den Bann zieht. Von seiner romantischsten Seite zeigt er sich als Symphonie in Grün, überragt von einem strahlenden Sonnenhimmel und schneeweißen Wolkenbällen. Von den waldigen, blaugrün schimmernden Berghöhen über das Türkis des Wassers bis zum Grün des Schilfs reicht die Farbpalette in solchen Momenten.

Und wie er im Licht des Himmels seine Farben wechselt – von dunkelblau über blassgrün bis grünblau und gelbgrün – so unterschiedlich ist auch das Balaton-Temperament. Nicht einmal ein leichtes Kräuseln bewegt ihn an manchen Tagen, an anderen schwappt er verschlafen ans Ufer und kann doch innerhalb kürzester Zeit zu riesigen Wellen aufschäumen; vor allem, wenn der Balaton-Föhn, der Wind vom Bakony-Gebirge, ihn ans Südufer peitscht.

Bei einem guten *eszpresszó* auf einer Seeterrasse sitzen, durch die Weinberge wandern, von einem der weit in den See hineinreichenden Holzstege ins Wasser gleiten, abends bei einem köstlich-kühlen Riesling den Sternenhimmel oder das spektakuläre Wetterleuchten bestaunen – das ist bestes Balaton-Lebensgefühl.

Das neue Balaton-Gefühl

Dörfer mit Tradition und faszinierende Naturlandschaften – die Balaton-Region ist dabei, ihren Reichtum neu zu entdecken

Dorfarchitektur

Schneeweiß getünchte Wände, dunkel gestrichene Fenster und Türen, ein dickes, gemütliches Reetdach und leuchtend rote Geranien als Blumenschmuck und farblicher Kontrast vor den Fenstern – viele solcher Bauernhäuser gibt es nicht mehr, aber in zahlreichen Dörfern existiert wenigstens noch ein gut erhaltenes, zumeist als Heimatmuseum. Die ganze Bandbreite der traditionellen Dorfarchitektur, vom schlichten Hof bis zu Häusern und *Kurien* (Herrenhäuser) im bäuerlichen wie kleinadeligen Barockstil können Sie am besten im Balaton-Oberland erleben. Der typische Plattensee-Hof ist der Reihenhof mit einem Gang vor der Längsseite des Hauses. Da hier auch der Kleinadel siedelte, finden sich Laubengänge mit schmückenden Renaissance- oder Barockelementen. Typische Gänge mit Bögen und Arkaden gibt es auch in den alten Dörfern am Südufer des Plattensees.

Schloss Festetics, eine Perle im Stadtbild von Keszthely

Fauna & Flora

Wein, Mandelbäume, Feigen und Lavendel: mediterranes Flair – vor allem am Nordufer. Bei Ausflügen rund um den See im Mai begleiten Sie die Rufe der Kuckucke, und leuchtend roter Mohn lässt Wegränder, Wiesen und Felder erglühen. Die Natur zeigt sich von ihrer schönsten Seite. Das gilt im Besonderen für Gebiete jenseits der Hauptstraßen und vor allem für die Landschaftsschutzgebiete. Mehr als 35 000 ha Naturraum werden allein in den Schutzgebieten *Tihany, Káli-Becken, Badacsony, Keszthely* und *Kis-Balaton* (Kleiner Balaton) bewahrt und gehegt.

Festetics

Das Adelsgeschlecht kroatischer Herkunft wurde zu einer der einflussreichsten Familien am Plattensee. Die Festetics begannen 1739 Land im Raum Keszthely aufzukaufen. Schon zwei Jahre später gehörte ihnen die ganze Stadt. Mit dem prunkvollen Schloss schufen sie eine der beeindruckendsten Residenzen des Landes. Zur Zeit György Graf

Festetics (1755–1819), der bedeutendsten Persönlichkeit der Familie, wurde das Schloss zum Treffpunkt der aufklärerischen geistigen und künstlerischen Elite Europas.

Folklore

Zigeunermusik und Csárdás, der ungarische Nationaltanz, stehen ganz oben auf der Beliebtheitsskala. Was ist Show, was echte Tradition? Natürlich sind die organisierten Hochzeiten gespielt, doch die Bauernhochzeit wird, vor allem in den Dörfern, noch immer traditionell gefeiert: mit Riten wie dem Beweinen der Braut oder der Sitte, dass der Bräutigam unter verhüllten Mädchen die Seine herausfinden muss.

Heilquellen

In Ungarn liegt Thermalwasser so dicht unter der Erdoberfläche wie sonst nirgendwo in Europa, und täglich sprudeln an die 350 000 m^3 aus Quellen und Brunnen. Diesem Reichtum verdanken Plattensee-Orte wie *Hévíz* und *Balatonfüred* ihren Ruf als erstklassige Kurorte. Auch Siófok präsentiert sich demnächst als Kurort; die Quelle ist schon gekauft. 3 km vom Nordufer des Plattensees entfernt, im Kali-Becken, sprudelt die Quelle von *Kékkút,* doch sie liefert kein medizinisch wirksames Thermal-, sondern »nur« ein ausgezeichnetes Mineralwasser. Im 18. Jh. kam dann wieder in Mode, was die Römer schon 1000 Jahre zuvor zu schätzen wussten: Wellness, Baden als reine Entspannung und Verwöhnung – heute ein stetig wachsender Zweig des Plattensee-Tourismus.

Kirchen

Selbst kleinste Dörfer haben in der Regel zwei, nicht selten sogar drei Kirchen. Das hat geschichtliche Gründe: Nach der Türkenbesetzung traten die Lehren Martin Luthers einen Siegeszug an. Zu den ersten Gemeinden, die protestantisch wurden, gehörten Balatonakali, Zánka, Balatonszepezd, Dörgicse, Kővágóörs und Szentantfala. Ende des 16. Jhs. spaltete sich die protestantische Bewegung. Vorherrschend wurden die Kalvinisten oder Reformierten. Der Katholizismus startete ab Mitte des 17. Jhs. eine massive Gegenreformation, und die Mehrheit der Bevölkerung nahm wieder die katholische Religion an. Um die Kirchen zuordnen zu können, schaut man am besten auf die Turmspitze: Die katholischen haben oben ein Kreuz, die reformierten schmückt ein Stern.

Klima

Mit Sonnenschein von über 2000 Stunden im Jahr hält der Plattensee einen Spitzenplatz in Mitteleuropa. In Ungarn herrscht gemäßigt kontinentales Klima. Von den Karpaten umringt, liegt es in einem Becken und ist dadurch vor der teils extremen kontinentalen Witterung geschützt. Der Wind ist überwiegend schwach, und es fällt wenig Niederschlag. Die Plattensee-Region profitiert zudem von mediterranen Einflüssen. Die Sommer sind heiß und im Winter gibt es kaum Schmuddelwetter. Wer sich einfach nur in großer Ruhe erholen möchte, für den ist der See auch im sehr stillen Winter ein ausgesprochen attraktives Urlaubsziel.

Künstlerhäuser & Kultur

Nach Jahrzehnten im kulturellen Abseits erlebte der Plattensee in den späten 80er-Jahren, also kurz vor der Wende 1989/90, eine erste Wiederentdeckung in Künstlerkreisen. Es war in den Budapester Zirkeln plötzlich «in«, sich am Wochenende am Balaton zu treffen. Die Wende brachte für die Künstler ein böses Erwachen, denn nun strömten Tausende von Ausländern auf den Markt, kauften Häuser, und die Preise stiegen ins Unerschwingliche. Es ist in erster Linie Interessengemeinschaften von Künstlern zu verdanken, die das notwendige Geld für einen Hauskauf zusammenkratzten, dass einige Dörfer – vor allem im Hinterland des Nordufers – vor dem völligen Verfall gerettet wurden. In einigen der liebevoll in Stand gesetzten Häuser finden Lesungen statt, man eröffnete Galerien, wie in *Salföld,* oder nutzt sie als Atelier. Das bislang einzige und inzwischen populäre Künstlerfest findet jeden Sommer in Kapolcs statt.

Die Voraussetzungen, am Plattensee an kulturelle Traditionen anzuknüpfen, sind vielerorts gegeben: *Schloss Festetics in Keszthely* z.B. bietet einen erlesenen Rahmen für Konzerte und andere Veranstaltungen. Zusammen mit den Kulturprogrammen der plattenseenahen Städte *Veszprém* und *Győr* kommen Kulturinteressierte auf ihre Kosten. Dass die leichte Muse – Operette, Folklore, Diskovergnügungen – in den Urlauberhochburgen dominiert, ist allen Urlaubsregionen der Welt gemein. Die oft kritisierte reine Wein- und Bierseligkeit am Balaton aber ist auf dem Rückzug.

Namen & Daten

Genau anders herum als gewohnt! Diese Eselsbrücke sollten Sie für Daten und Namen nutzen. Eine Zeitangabe wie 01. 07. 05 – 01. 08. 06 bedeutet: vom 5. Juli bis 6. August 2001. In Ungarn schreibt man zuerst das Jahr, dann den Monat, dann den Tag. Am Plattensee aber hat man sich auf Urlauber eingestellt und wählt zumeist die den Gästen vertraute Datumsfolge. Prüfen Sie Termine, denn es ist nicht immer so.

Für Namen gilt dasselbe: Steht auf einer Visitenkarte Gáldi Gábor, heißt der Mann mit Vornamen Gábor und mit dem Nachnamen Gáldi. Verheiratete Frauen tragen in der Regel den Namen ihres Mannes mit dem Zusatz né, was Frau bedeutet. Die Ehefrau von Herrn Gáldi würde also Gáldiné heißen.

Ökologie

Auf die Wasserqualität des Plattensees war man zu Recht in Ungarn stolz. Und Verunreinigungen durch Industrie sind nach wie vor kein Thema, da kaum Industrieabwässer eingeleitet werden.

Doch besteht ein anderes Problem: Bis heute gibt es kein umfassendes Kanalisationssystem. Die organisch-biologischen Abwässer werden teils noch direkt in den See geleitet oder gelangen aus Sickergruben über das Erdreich ins Wasser.

Um das Übel an der Wurzel zu packen, müssten in den nächsten Jahren etwa 380 Mio. Euro für den Ausbau der Kanalisation und das Ausbaggern des Balatons wegen der fortschreitenden Versandung investiert werden. Doch es ist höchstens mit einem geringen

Teil der Summe zu rechnen, denn die öffentlichen Kassen sind leer.

Puszta

Rund um den Plattensee findet sich eine Reihe von Ortsbezeichnungen mit dem Wortbestandteil -puszta, z. B. Rádpuszta. Das Wort Puszta verbreitete sich Ende des 17./Anfang des 18. Jhs. Und was die Reisenden des 19. Jhs. für Romantik hielten – die nahezu menschenleere Tiefebene –, erinnert die Ungarn vor allem an die Schreckensherrschaft der Türken, die ganze Landstriche verwüsteten: Puszta bedeutet öde, Ödnis.

Am Plattensee aber versteht man unter Puszta die Wirtschaftsgebäude eines Gutes, die in einiger Entfernung zum Dorf liegen. Dort lebte früher das Gesinde, standen die Viehställe, Getreidespeicher und Heuställe.

Sportliche Aktivitäten

Nur wenige Kilometer jenseits der Strände tut sich für Reiter am Süd- wie am Nordufer ein wahres Paradies auf. Das freie Hinterland mit seinen Hügeln und Tälern, den Teichen und Bächen ist ideal für Ausritte. Sowohl Anfänger als auch Könner finden ein breit gefächertes Angebot an Reiterhotels und Reitschulen. Das Spektrum reicht vom bestens ausgestatteten Reitsportzentrum mit Halle, Zuchtbetrieb und wichtigen Turnieren bis zum einfachen kleinen Reitstall. In der Regel bieten die Reiterhöfe auch ein Unterhaltungsprogramm wie Reit- und Folkloreshows. Wer nicht reiten kann oder mag, ist mit dem Fahrrad gut bedient (s. Praktische Hinweise).

Auch Flugbegeisterte kommen voll auf ihre Kosten. Während der Saison schießen kleine Flugplätze wie Pilze aus dem Boden. Eine Wiese, ein paar Fahnen, ein Windsack – fertig ist die Piste für Motordrachen-, Helikopter- oder Heißluftballonflieger. Die Sicherheit dieser improvisierten Plätze wird von den zuständigen Behörden überwacht. Zu buchen sind ebenfalls Rundflüge über den Balaton oder Fallschirm-Tandemsprünge.

Wie im 19. Jh. mit der Kutsche über die Dörfer

Sprache
Selbst Vielsprachige stehen dem Ungarischen oft ratlos gegenüber. Mit Ableitungen von vertrauten Sprachen kommt man nicht weiter: Ungarisch ist ganz und gar anders. Es gehört zur finno-ugrischen Sprachfamilie und hat sich während der Wanderung der Magyaren (Ungarn) mit anderen Sprachen vermischt, z.B. mit dem Türkischen. Um sich zu orientieren, ist es schon wegen der Aussprache von Ortsnamen wichtig, sich mit einigen Regeln vertraut zu machen.

So wird ein *s* wie im Wort Siófok wie ein *sch* gesprochen (Schiofok). Das *cs* eines Wortes wie Csárda ist ein *tsch* (Tscharda). Ein *sz* klingt wie ein *ß*. Weitere Besonderheiten: *ty* entspricht im Deutschen einem *tj* und *ly* einem *j*. Die Buchstabenkombination *zs* wird zu *dsch* wie im Wort Journalist. Das *gy*, z.B. in dem Wort *egy* (eins), wird wie *dj* ausgesprochen, also *egy = ädj*. Das e in egy wird zum ä. Mit einem Akzent versehen, also *é* spricht es sich als langes *e* wie in B*ee*t. Die Akzente sind keine Betonungszeichen (im Ungarischen wird immer die erste Silbe betont!), sie verlängern den Vokal. So wird ein *á* lang gesprochen wie im deutschen Wort M*aa*t, ein *ó* wie *oh* in M*oh*n, ein *í* wie *ie* in B*ie*ne, ein *ű* wie *ü* in *ü*ber. Ohne Akzent wird das *a* zu einem kurzen *o*.

Ungarndeutsche
Drei Dinge empfiehlt der Bürgermeister des mit 300 Ew. winzigen Dorfes Kötcse im Plattensee-Hinterland dem Besucher: die wunderbare Natur, den Wein – und *kerbajt,* das Kirchweihfest. Kirchweih zu feiern, begründeten die vorwiegend aus Hessen stammenden Deutschen, die ihre Heimat verließen, um der Leibeigenschaft zu entkommen.

Insgesamt eine halbe Million Deutsche wurde auf Betreiben der Habsburger ins Land geholt, um die durch die Türkenära nahezu ausgestorbenen Dörfer und Landstriche wieder zu bevölkern. Das Hauptsiedlungsgebiet der Deutschen wurde Südungarn. Und egal, woher sie auch stammten – sie wurden zu »Schwaben«.

1945, nach den Konferenzen von Jalta und Potsdam, mussten 250 000 Ungarndeutsche mit ihrer Vertreibung aus der neuen Heimat für den Zweiten Weltkrieg bezahlen. Heute leben ca. 220 000 Ungarndeutsche im Land, denen die kulturelle Selbstverwaltung zugestanden wurde.

Wirtschaft
Der wichtigste Wirtschaftsfaktor am Plattensee ist der Tourismus. Ob er floriert oder stagniert, ist von nationaler Bedeutung, denn der Balaton ist neben Budapest das bedeutendste touristische Ziel des Landes. 27 Millionen Besucher reisten 1999 nach Ungarn. Und dass man rund um den See mit Deutsch ohne Probleme durchkommt, hat einen einfachen Grund: 50 % der Gäste kommen aus Deutschland, Österreich und der Schweiz, die Deutschen überwiegen.

Der wendebedingte Strukturwandel erforderte enorme Anstrengungen; die Gäste vermissten Qualität. Andererseits wirkten ihre Ansprüche auch als Anstoß, sich intensiver auf den Wert der Natur- und Kulturlandschaft zu besinnen.

Die Spezialität: der Balaton-Zander

Leider ist die wirklich gute Küche noch immer eine Ausnahme. Am Balaton dominiert deftige Hausmannskost

Die Natur meint es gut mit der Plattensee-Region: Der Boden bringt beste Weine hervor, der See feinen Fisch und die Wälder des nördlichen Bakony-Gebirges sind bekannt für ihren Reichtum an Pilzen und Wild. Gekocht wird in vielen Restaurants aber noch immer nach dem Motto »Masse statt Klasse«.

Typisch für den Plattensee ist der *Balaton-Zander*, ein feiner aromatischer Raubfisch, der nirgendwo sonst vorkommt. Er wird im Ganzen gebraten oder als panierte Filets serviert. Für eine echte ungarische *halászlé,* eine kräftig gewürzte Fischsuppe, mischt man mehrere Fischsorten, z. B. Karausche, Barsch und Rotbarsch.

Zum klassischen Repertoire der Balaton-Restaurants gehören auch die auf *pörkölt, paprikás* oder *tokány* endenden Gerichte wie *sertéspörkölt* (Schweinefleisch mit Paprikaschoten und Tomaten), *csikós tokány* (Geschnetzeltes mit Paprikaschoten und Tomaten) oder *paprikás csirke* (Huhn mit dicker Paprikasoße).

Den gibt es nur am Balaton, den ganz speziellen Zander

Ausgezeichnet sind einige Balaton-Weine. Badacsony, das nach Tokaj beste Weinanbaugebiet Ungarns produziert u. a. folgende Sorten: *olaszrizling* (Welschriesling), *zöldszilváni* (Grüner Silvaner), *muskotály* (Muskateller), *Grauer Mönch.* Zur Weinregion Balatonfüred-Csopak gehört auch die Halbinsel Tihany, das einzige traditionelle Rotweingebiet des Balaton-Oberlandes. Das Zentrum des Anbaugebietes Dél-Balaton am Südufer erstreckt sich von Balatonboglár bis Fonyód.

Gaststätten und Restaurants heißen *vendéglő* bzw. *étterem.* Sie sind in drei Kategorien eingeteilt, aber das muss nicht viel bedeuten. Zudem wechseln die Köche häufig von Saison zu Saison, sodass Aussagen über die Qualität nur bedingt gültig sind. Eine *csárda* ist ein Dorfgasthaus, in dem das Essen aber durchaus besser sein kann als anderswo. Im traditionell einfachen *eszpresszó* gibt es u. a. Getränke und belegte Brötchen. Der gängigen Vorstellung von einem Café entspricht die *cukrászda* (Konditorei).

Salami, Schnäpse, Stickereien

Vor allem Kunsthandwerkliches und Kulinarisches eignen sich bestens als Mitbringsel

Keramik/Porzellan

Wer Keramik liebt, findet ein attraktives Angebot in modernem wie in traditionellem Design. So schön wie kostbar und teuer ist *Herender Porzellan.* Nicht weniger berühmt – aber preiswerter – ist das *Zsolnay-Porzellan* mit Formen und Dekor im Stil der Wiener Sezession (Jugendstil).

Kulinarisches

Die ungarische Salami ist zu Recht das beliebteste Souvenir. Ihr Erfinder: Márc Pick aus Szeged an der Theiß. Er nannte sie Téliszalámi (Wintersalami). Noch bis Mitte des 20. Jhs. wurde sie nur in den Monaten Oktober bis März hergestellt, denn beim Reifungsprozess spielte die vom Fluss aufsteigende Kühle eine wichtige Rolle. Ihren besonderen Geschmack verdankt die ungarische Salami dem *Mangalitza Wollschwein.*

Märkte/Vásár

Typisch für den Plattensee sind die zur Saison geöffneten Freiluftbasare *vásár,* auf denen vom Kitsch bis zu Praktischem alles feilgeboten wird. Schöne Souvenirshops und Läden mit Kunsthandwerk sind leider noch recht selten (nur in den größeren Orten). Für alle Märkte, auf denen Kleidung usw. verkauft wird, gilt: erst genau prüfen, dann kaufen. So mancher Markenturnschuh hat sich schon als Billigimport mit falschem Label entpuppt. Und gutes Kunsthandwerk wird vielfach nur in Spezialgeschäften angeboten.

Vasar – Mitbringsel auf der freien Wiese

Schnäpse

Hochprozentige Souvenirs sind Obstschnäpse, z.B. aus Aprikosen *kecskeméti barackpálinka,* Süßkirschen *cseresznye* oder aus Pflaumen *szilva* bzw. der bekannte traditionelle Magenbitter *Zwack Unicum.* Erstmals gemixt hat ihn Dr. Zwack, der Hofarzt des österreichischen Kaisers Joseph II.

Stickereien

Auf keinem Gebiet der Volkskunst hat Ungarn so viel zu bieten. Berühmt sind *Kalocsa-* und *Matyó-Stickereien,* die bunten *Auflegestickereien aus Buzsák* sowie die *Weißstickerei.*

Ein einziges Sommerfestival

Traditionsreiche leichte Kost wie Folkloreshows und Weinfeste machen den Plattensee-Sommer zum Fest

Das Segelsetzen in Balatonfüred, die Saisoneröffnung in den größeren Orten, die Weinfeste – sie haben bereits eine lange Tradition. Doch neben diesen festgefügten Terminen im Veranstaltungskalender gibt es vor allem in den Monaten Juli und August eine Fülle kleinerer Dorffeste und Veranstaltungen. Aber auch die Liebhaber klassischer Kultur kommen auf ihre Kosten. Einen aktuellen Überblick erhalten Sie im Internet unter *www.hungarytourism.hu,* bei den *Ungarischen Tourismusämtern* (s. Praktische Hinweise) oder am Plattensee bei den *lokalen Touristen-Informationen.*

OFFIZIELLE FEIERTAGE

1. Januar *Neujahrstag*
15. März *Tag des Unabhängigkeitskampfes von 1848/1849*
März/April *Ostermontag*
1. Mai *Internationaler Tag der Arbeit*
Mai/Juni *Pfingstmontag*
20. August *St. Stephanstag,* Nationalfeiertag und Namenstag des Königs Stephan
23. Oktober *Tag der Republik,* Gedenktag der Revolution von 1956
1. November *Allerheiligen*
25./26. Dezember *Weihnachten*

Geschmückt für den Anna-Ball, das Ereignis der Saison

VERANSTALTUNGEN UND FESTE

Mai

Balaton-Festival in Keszthely. Hier wird die Saison Jahr für Jahr am ersten Maisonntag mit der Krönung des »Ungarischen Meeres« und einer Flaggenparade eröffnet.

Fest des Segelsetzens in Balatonfüred. Seit über 70 Jahren die offizielle Eröffnung der Saison, im Rosengarten und am Schiffsanleger

Saisoneröffnung mit Anglerwettbewerb Ende Mai im Hafen von Balatonmáriafürdő

★ *Pfingstliches Saisoneröffnungsfest* in Siófok. Je nach Pfingstdatum im Mai oder Juni

Juni

Földvár-Festival in Balatonföldvár. Konzerte, Ausstellungen, Folkloreprogramme, Segelregatten

★ *Helikon Sommerfestival* in Keszthely, eine zweimonatige

Veranstaltungsreihe mit Konzerten im Schloss

Konzertreihe Klassische Musik in Balatonalmádi, in der Festungskirche Vörösberény

★ *Sommer in Veszprém* (bis Aug.), mit großem Kulturangebot und Folklore

Sommer in Győr, Kulturfestival in der barocken Innenstadt, mit einer Fülle von Veranstaltungen (bis Anfang Aug.)

Orgelkonzerte in der Abtei von Tihany und in der Fanziskanerkirche Kőröshegy bei Balatonföldvár (bis in den Aug.)

Openairkonzerte u.a. auf der Freilichtbühne Zalakaros bzw. in Balatonfüred und Siófok

Juli

Goldene Muschel, Folklorefestival in Siófok

Operetten- und andere Musikgalas im Kulturzentrum Siófok

Orgelkonzerte in der römisch-katholischen Kirche von Siófok (Juli und Aug.)

Sommerfestival in Balatonakali

★ *Burgspiele* in Sümeg (Kampfspiele, Ritterturnier, mittelalterliches Abendessen), täglich außer So bis Mitte Aug.

★ *Anna-Ball* in Balatonfüred. Er hat eine fast 200-jährige Tradition, und auch Schaulustige kommen – z. B. bei der Kutschfahrt der Ballkönigin in Begleitung einer Husareneskorte – auf ihre Kosten.

Folkloretreffen in Balatonföldvar. Ein bunter Reigen ungarischer Volkstänze und Traditionen, der schon seit 1962 geboten wird.

Ritterspiele in Nagyvázsony in der Kinizsi-Burg

Durchschwimmen des Balaton von Révfülöp nach Balatonboglár. Begleitet werden die Schwimmer von vielen Booten der Segelclubs und Wassersportvereine.

Künstlerfest in der Künstlerkolonie in Kapolcs, mit Theater, Workshops, Lesungen (Ende Juli)

MARCO POLO TIPPS FÜR FESTE

1 Helikon Sommerfestival in Keszthely
Zweimonatige Veranstaltungsreihe mit vielfältigem kulturellen Angebot; den Höhepunkt bilden die Konzerte im Schloss (Seite 21)

2 Pfingstliches Saisoneröffnungsfest in Siófok
Ein bunter Reigen folkloristischer Musik- und Tanzveranstaltungen zur Einstimmung auf die Sommersaison (Seite 21)

3 Anna-Ball in Balatonfüred
Dieser Ball mit buntem Beiprogramm ist traditionell das Ereignis am Balaton (Seite 22)

4 Winzerumzug in Balatonboglár
Ein Augenschmaus und ein fröhliches Fest (Seite 23)

5 Burgspiele in Sűmeg
Ein Event vor historischer Kulisse, bei dem das Mittelalter lebendig wird (Seite 22)

Weinfeste nach guter alter Balaton-Tradition

Der Weinanbau rund um den Plattensee hat eine große Tradition. Als Graf Festetics Maria Theresia, die österreichische Kaiserin und ungarische Königin in Personalunion, in seinem Schloss in Keszthely bewirtete, tischte er voller Stolz 300 (!) verschiedene ungarische Weine auf. Und mit den Weinen vom Berg Somió, nördlich des Balaton gelegen, belieferte man die Habsburger Herrscher für die Hochzeitsnacht. Man glaubte nämlich, dass diese Weine dazu beitragen würden, männlichen Nachwuchs zu zeugen. Weinanbau und Weinlese sind ein hartes Stück Arbeit. Entsprechend zünftig wird im Herbst in den Kelterhäusern gefeiert. Traditionell schmort über dem offenen Feuer stundenlang ein *pörkölt* aus Hammelfleisch nach Winzer Art, das ist ein Hammelgulasch mit viel Paprikapulver, scharfen Paprikaschoten, Knoblauch und Kümmel. Den Abschluss der Weinernte bilden der Winzerball und der Winzerumzug. Der Tradition gemäß ist am Plattensee auch immer eine so genannte Weinglocke dabei. Sie besteht aus einem Bündel Trauben in Glockenform, aufgehängt an einer Stange, die von zwei Männern getragen wird.

August

Auf den Spuren königlicher Köche, gastronomisches Spektakel in Nagyszakácsi wie zu Zeiten der Renaissance.

Historisches Bogenwettschießen im Parkwald von Zalakaros

Weintage in Ábrahámhegy

Tihanyer Festspiele auf der Halbinsel Tihany

★ *Weinlesefest* in Balatonboglár, eine viertägige Veranstaltung mit Programmen auf mehreren Bühnen. Die Krönung ist der Weinleseumzug mit Volkstanzgruppen und Musikkapellen.

◈ *Weinwochen* in Balatonfüred, ein Weinfest mit Folkloreprogramm

Badacsonyer Weinwochen in Badacsonytomaj

Zalaer Weinkranzfestival in Keszthely

Csopak-Tage und Weinwoche in Csopak

Internationales Sommerfestival in Nagykanizsa

◈ *St. Stephanstag* am 20. Aug., vielerorts Feuerwerk u. a. in Budapest; in Balatonboglár zeichnet man an diesem Tag im Rahmen eines Festes den besten Holzschnitzer mit einem Preis aus.

September

◈ *Badacsonyer Weinlese* in Badacsonytomaj. Das Saisonende wird mit einem Winzerfest gefeiert.

◈ *Weinlese* in Buzsák, ein Fest im ganzen Dorf

Tihanyer Weinlesetage

Herbst in Balatonfüred, u. a. Veranstaltungen auf der Freilichtbühne an der Schiffsstation

Weinlesefestival in Balatonlelle

Budapester Kunstwochen, ab dem 25. Sept.; mit hervorragenden Konzerten (Ausflug dorthin lohnt sich)

Balaton-Kulturherbst in Keszthely, zweiwöchige Veranstaltungsreihe

Saisonabschluss am Balatonufer in Keszthely

Das Herz der Balaton-Riviera

Hier lässt es sich nicht nur wunderbar entspannen, es gibt auch viel zu entdecken

Zu den Stränden, Yachthäfen und Strandbädern an der so genannten Balaton-Riviera gesellen sich zahlreiche kulturelle und landschaftliche Highlights. Angefangen von Tihany, der Halbinsel mit der herrlichen Benediktinerabtei, über den so renommierten wie traditionsreichen Kurort Balatonfüred mit seinen Villen und eleganten Promenaden bis zu lauschigen kleinen Weinorten wie Csopak, den romantischen Tälern im Plattensee-Oberland, seinen Kirchenruinen und Burgen. Besonders touristisch ist es in Balatonalmádi, der viertgrößten Stadt am See. Im Gegensatz dazu sind kleine Orte wie Paloznak, Balatonudvari, Örvényes und Dörgicse mit ihrem noch ursprünglichen Dorfcharakter Oasen der Ruhe, eingebettet in wunder-

Tihany mit seinem Wahrzeichen, der Abteikirche

Hotel- und Restaurantpreise

Hotels

€€€:	über 60 Euro
€€:	30 bis 60 Euro
€:	bis 30 Euro

Die Preise gelten für zwei Personen im DZ inkl. Frühstück in der Hauptsaison Juli/August. In der Vor- und Nachsaison liegen die Preise deutlich darunter.

Restaurants

€€€:	über 15 Euro
€€:	8 bis 15 Euro
€:	bis 8 Euro

Die Preise gelten für ein Essen mit Suppe, Haupt- und Nachspeise inkl. Getränke.

Straßenbenennungen

utca	Straße	tér	Platz
út	Weg	sétány	Promenade
Fö utca	Hauptstraße		

schöne Hügel- und Weinlandschaften.

ALSÓÖRS

(112/C3) Zwar befindet sich der alte Dorfkern 1 km nördlich des Sees, doch ist Alsóörs (1000 Ew.) inzwischen fast bis zum Ferienrevier am Ufer »heruntergewachsen«. Hier beginnt die Balaton-Riviera, wie der Seeabschnitt bis Balatonfüred genannt wird. Reizvoll ist es vor allem um die reformierte Kirche herum. Bei einem ⁂ Spaziergang durch das kleine Labyrinth der teils steil ansteigenden und abfallenden Gassen bieten sich immer wieder herrliche Ausblicke auf den Balaton.

BESICHTIGUNG

Reformierte Kirche
Das einschiffige Gotteshaus aus dem 15. Jh. wurde im 18. Jh. im barocken Stil umgebaut. Von der unterhalb verlaufenden Hauptstraße führt eine steile Treppe zur Kirche hinauf. *Fő utca*

MUSEUM

Török-Haus/Heimatmuseum
★ Es ist das älteste, um 1600 erbaute, spätgotische Landhaus am Balaton und hat die Jahrhunderte nahezu unversehrt überstanden. Seinem turbanartigen Schornstein verdankt der einstige Besitz eines Kleinadeligen die Bezeichnung Török-Haus (Türkenhaus). Heute beherbergt es das Heimatmuseum, und schon beim Betreten des ⁂ Innenhofs eröffnet sich ein großartiges Balaton-Panorama. *Petőfi köz, tgl. 15–20 Uhr, So 10–12 Uhr*

RESTAURANT

Halásztanya
In dem Fischrestaurant lädt der Chefkoch alljährlich Hobbyköche zum Wettbewerb um die beste Fischsuppe, *halászlé,* ein. *Füredi út 42, Tel. 87/57 52 10,* €€€

MARCO POLO TIPPS FÜR DAS NORDOSTUFER

1 **Tihany**
Die Halbinsel ist rundum ein Juwel. Von der großartigen Benediktinerabtei bietet sich ein herrlicher Blick auf den Balaton (Seite 40)

2 **Balatonfüred**
Der bekannte Kurort (»Mekka der Herzkranken«) mit seinen Villen und Promenaden hat sich noch viel von seinem altehrwürdigen Charme bewahrt (Seite 32)

3 **Csopak**
Ein typisches Weindorf mit Flair, inmitten von Reben (Seite 38)

4 **Wassermühle in Örvényes**
Die alte Mühle am Pécsely-Bach ist ein Idyll (Seite 38)

5 **Török-Haus in Alsóörs**
In einem der schönsten spätgotischen Häuser am Balaton ist das Heimatmuseum Török-Haus untergebracht. Dazu großartiger Blick über den See (Seite 26)

HOTEL

Aranysas
Ein Landgasthof 500 m vom Strand, mit gutem Restaurant. Zum Haus gehört auch eine einfache Bungalowanlage. *21 Zi., 48 Bungalows, Szegfű utca 13, Tel./Fax 87/44 71 24, www.hotels.hu/aranysas, Hotel €€, Bungalows €*

BALATONAKALI

(**112/A 4**) Eine Dorfstraße nahe dem See mit schönen alten Bauernhäusern – das ist am Plattensee selten. In Balatonakali (600 Ew.) gibt es das mit der *Kossuth Lajos utca* noch. Doch davon abgesehen ist dem für seine Muskatellertrauben bekannten Weinort wenig an traditionellem Dorfcharakter geblieben. Die Straße 71 schneidet den schmalen Ortskern zum Hinterland hin ab, und mitten im Dorf zweigt die Landstraße Dörgicsei út nach Norden ab. Die Strandabschnitte mit dem Hafen und den Schilfstreifen sind touristisch belebt, doch Hotels gibt es nicht ein einziges. Dafür drei Campingplätze und Privatquartiere. Diese werden u. a. in einigen der restaurierten alten Bauernhäusern angeboten; nicht die schlechteste Art, Ferien zu machen.

BESICHTIGUNGEN

Römisch-katholische Kirche
Sie wurde 1787 auf romanischen Grundmauern errichtet und 1827 im barocken Stil umgebaut. *Kossuth Lajos utca*

Bauernhäuser/Kossuth Lajos utca
Im oberen, Richtung Bahnhof verlaufenden Teil der Kossuth Lajos utca zeigt sich Balatonakali noch von seiner ursprünglichen Seite. Und man bemüht sich inzwischen sehr, derartige Zeugnisse einer vergangenen Dorfkultur zu bewahren. Unter Denkmalschutz stehen der *Hof mit der Nr. 2 aus dem Jahr 1724* und das *Haus Nr. 23 von 1770.*

RESTAURANTS

Hokuli
Typische Atmosphäre und solide ungarische Küche. Am westlichen Ortsausgang. *Kutiréti út 1, Tel. 87/44 40 24, €€*

Mandula Csárda
In der Koppel die Pferde, dazu Ziegen, Schafe und Esel – die Csárda mit typischem und gutem Essen ist eine idyllische Welt für sich. *Am östlichen Ortsausgang an der Landstraße 71, Fő út, Tel. 87/44 40 44, www.miwo.hu/mandula, €€*

CAMPING

9 ha Balaton-Ufer belegen allein die beiden benachbarten Campingplätze Strand (300 Plätze) und Holiday (260 Plätze). Westlich davon liegt der 2,2 ha große Platz Levendula (130 Plätze). *Camping Strand, Tel. 87/54 40 21, Fax 54 40 22; Camping Holiday, Tel. 87/54 44 31, Fax 54 40 32; Camping Levendula, Tel. 87/54 40 11, Fax 54 40 12; alle Plätze www.balatontourist.hu*

FREIZEIT UND SPORT

Strand liegt nahe dem Bahnhof. Reiten kann man in der *Akali Lovasudvar, Gyöngyvirág utca, Tel. 87/44 45 48.*

AUSKUNFT

Akali Tours
Dörgicsei utca 6, Tel./Fax 87/ 44 41 92

ZIEL IN DER UMGEBUNG

Dörgicse (112/A 4)
5 km von Balatonakali. Kommen Sie vom Balaton, werden Ihnen als Erstes die an den Hängen liegenden Kirchen ins Auge fallen. Auf die nur 300 Einwohner dieses pittoresk von drei Hügeln bestimmten Dorfes kommen drei Kirchen und drei Kirchruinen. Der Grund für diesen Reichtum: Das 900 Jahre alte Ortsensemble entstand aus den drei Dörfern Alsódörgicse (Unter-Dörgicse), Kisdörgicse (Klein-Dörgicse) und dem heutigen Ortszentrum Felsődörgicse (Ober-Dörgicse). Und jedes brachte seine Kirchen mit in die kommunale Ehe ein. Die Ruinen sind Überreste von Gotteshäusern aus dem 12. und 13. Jh. Man sollte sich zu Fuß zu den Kirchen und Ruinen aufmachen, denn der Spaziergang durch die engen, teils malerisch verschlungenen Gassen beschert einem schöne Aussichten und Anblicke. Zwar geht es auch recht steil bergan, dafür erleben Sie aber den Charme des Ortes hautnah: Alte Häuser entstehen im traditionellen Reetdachstil neu, andere, leer stehend, hat die Natur überwuchert, und auf den Hügeln wird wie vor Jahrhunderten Wein angebaut. Neben der katholischen Kirche von Unter-Dörgicse liegt der urige Gasthof Granarius in einem 250 Jahre alten Klostergebäude (mit großem Weinkeller und Grillgarten). Im einstigen Kornspeicher über dem Restaurant sind naive Wandzeichnungen aus dem 18. Jh. zu sehen. Heute hat die Gastwirtsfamilie Somssich dort alte Gerätschaften ausgestellt. *Granarius, Fő utca 117, Tel. 20/248 72 78,* €€

Mauern erzählen Geschichte in Dörgicse

Nagyvázsony (111/F 3)
20 km von Balatonfüred. Eine zugkräftige Attraktion von Nagyvázsony (1800 Ew.) ist die *Burg des Pál Kinizsi* (1446–1494), der es vom Müllerburschen bis zum Heerführer von König Matthias brachte. Der königliche Lohn für den »Türkenbesieger« war die Burg. Sie ist ein typisches Beispiel für einen imposanten Adelswohnsitz des Mittelalters. Von dem 26 m hohen einstigen Wohnturm hat man einen herrlichen Blick. Im Sommer finden vor der romantischen Burgkulisse Ritterspiele statt. Im Burgmuseum kann man sich ein Bild von der archäologischen Erschließung der Burg machen

(Vár út 9). Die Szent-István-Kirche mit einem spätgotischen Netzgewölbe stiftete Pál Kiniszi 1481. Die Fassade wurde im Barockstil umgestaltet, alles andere blieb erhalten. Sehenswert sind auch die Ruinen der Kirche und des Klosters der Pauliner (1483–1485). Das barocke Gut von Nagyvázsony aus dem 18. Jh., mitten im Ort in einem 12 ha großen Schlosspark gelegen, ist heute ein Hotelkomplex. Das Anwesen wurde im Jahr 2000 komplett renoviert und beherbergt das eigentliche Schlosshotel (Eröffnung: Mai 2001 mit Reitschule) sowie im einstigen Gestütshaus ein 16-Zimmer-Hotel. *Nagyvázsony Schlosshotel, Kossuth Lajos utca 10–14, Tel./Fax 88/26 41 09, €€€, Gestütshaus €€*

BALATONALMÁDI

(112/C3) Die Kleinstadt (8000 Ew.) am äußeren Ende des Nordostufers wird wie ein Amphitheater von 200–250 m hohen Sandsteinhügeln gerahmt. Wer westwärts fahrend mit dem Auto nach Balatonalmádi kommt, nimmt zunächst einmal außer der Landstraße 71 und dem links liegenden Strandufer kaum etwas wahr, denn der eigentliche Ort zieht sich die Hänge hinauf. So ruhig es längs der 71 im Winter ist – im Sommer drängeln sich Tausende Urlauber an der József Attila utca, wie die Straße 71 hier heißt, und am zentralen Városháza tér. Zu Balatonalmádi gehören auch der bergwärts gelegene Ort *Vörösberény* mit seinen Kulturdenkmälern sowie das grüne und hügelige Villenviertel *Káptalanfüred.*

BESICHTIGUNGEN

Aussichtspunkte Óvári und Szabadság

Wie schön Balatonalmádi liegt, zeigt sich vom Aussichtspunkt *Óvári,* den man von der St.-Emmerich-Kirche im Zentrum nach einem kurzen Spaziergang durch die Batthyány utca dorfaufwärts erreicht. Er wurde um die Jahrhundertwende auf dem Weinberg errichtet. Einer der schönsten Aussichtspunkte ist der 296 m hoch gelegene *Szabadság-Turm* westlich von Almádi.

St.-Emmerich-Kirche/ Kapelle der Heiligen Rechten

Der besondere Schatz der katholischen Kirche, 1930 gebaut, ist die Kapelle der Heiligen Rechten. Sie schmücken wunderbare Goldmosaiken von Károly Lotz. Der Schrein, 1957 aus den Ruinen der Burg von Buda gerettet, soll der Aufbewahrungsort der als Reliquie verehrten rechten Hand des ersten ungarischen Königs Stephan I. gewesen sein. *Óvári utca 47*

Kirchenfestung Vörösberény

Die einzige erhaltene mittelalterliche Wehrkirche des Balaton-Oberlandes, 1290 erbaut und von Mauern mit Schießscharten umgeben. *Vörösberény, Veszprémi út/Ecke Erkel Ferenc utca*

St.-Ignatius-Kirche

Die barocke katholische Kirche in Vörösberény, 1779 erbaut, beherbergt Fresken aus dem Leben des Ignatius von Loyola, dem Gründer des Jesuitenordens, der die Kirche entscheidend beeinflusste. *Templom tér*

RESTAURANTS

Éva Borozó
Romantisches Weingartenrestaurant im Grünen in Káptalanfüred. *Fülemüle utca 1–3, Tel. 88/ 43 85 42, €€*

Glóbusz Csárda
Am Ortsausgang Vörösberény. Ungarische Küche. Auch eine Pension mit 7 Zimmern. *Glóbusz utca 1, Tel. 88/43 20 77, www.miwo.hu/globusz, €*

HOTELS

Auróra
Einst Vorzeigebettenburg, heute ein eher durchschnittliches Großhotel. *240 Zi., Balatonalmádi, Bajcsy-Zsilinszky utca 14, Tel. 88/ 43 88 10, Fax 43 88 11, €€*

Club Hotel
Am See mit eigener Strandwiese und Tennisplatz. *18 Zi., 6 Apartments, Balatonalmádi, Neptun utca 15, Tel. 88/43 91 50, Fax 43 91 54, www.hunguest.hu, €€*

Kolostor
Das ehemalige Kloster der St.-Ignatius-Kirche, 1750 errichtet, wurde zum Hotel umgebaut. Die ungewöhnliche Architektur verleiht den 17 Zimmern einen individuellen Charme. Zum Anwesen gehören ein 2 ha großer Park und ein gutes Restaurant. *Vörösberény, Veszprémi út 83, Tel. 88/43 82 54, Fax 43 82 56, www.ivn.hu/mentor, €€€*

CAMPING

Camping Yacht
Eine kleinere Anlage (160 Plätze) direkt am Yachthafen. Auch mit Bungalows. *Tel. 88/58 41 01, Fax 58 41 02, www.balatontourist.hu*

FREIZEIT & SPORT

Balatonalmádi bildet mit seinen Stränden und dem Yachthafen ein so beliebtes wie belebtes Wassersportrevier. 1953 wurde der große Wesselényi-Strand gegenüber dem Ortszentrum angelegt. Er wird von den östlich und westlich gelegenen Stränden Káptalanfüred und Budatava flankiert. Ein 6-km-Wanderrundweg, der am Rathausplatz beginnt, führt über den Aussichtsturm und den unter Naturschutz stehenden Alten Park am Balaton zu den schönsten Zielen in der näheren Umgebung von Almádi. Tennisplätze gibt es u. a. gegenüber dem Yachthafen zu mieten. Reiten können Sie in der hoch oben auf dem Öreg-hegy (Alter Berg) gelegenen *Kerekes Csárda Vendégfogadó, Mátyás király utca 60, Tel. 88/43 09 45.*

AM ABEND

In der Kirchenfestung *Vörösberény* finden im Sommer klassische Konzerte statt. Auf dem *Rathausplatz* wird leichte Kost (Operetten, Folkloreshows) geboten.

AUSKUNFT

Tourinform
Balatonalmádi, Baross Gábor út 2, Tel./Fax 88/43 84 08, E-Mail balatonalmadi@tourinform.hu

ZIELE IN DER UMGEBUNG

Felsőörs **(112/C 3)**
Eine schöne Fahrt durch Weinanbaugebiete ist die Tour ins 4 km

nordwestlich von Balatonalmádi gelegene und noch sehr ursprüngliche Bergdorf Felsőörs (800 Ew.). Von Balatonalmádi kommend, passieren Sie im Ort zunächst eine weiße Kirche. Kurz dahinter liegt zur Linken die kunsthistorisch wertvolle Kirche der Heiligen Maria Magdalene aus rotem Sandstein. Sie wurde im 13. Jh. erbaut, 1552 von den Türken zerstört und von 1963–1968 wieder im gotischen Stil aufgebaut. Gleich neben der Kirche liegt die einstige Propstei von 1748, heute der urige *Gasthof Zum alten Löwen/Vénoroszlán. Fő utca 22, Tel. 87/47 75 21, €*

Herend **(112/A 1)**
27 km von Balatonalmádi. Die berühmte *Porzellanmanufaktur von 1826* in Herend ist den Abstecher ins Hinterland in jedem Fall wert. Warum selbst Kaiser- und Königshäuser in der Blütezeit der Manufaktur im 19. Jh. auf Tischkultur à la Herend Wert legten, beweisen die schönen Ausstellungsstücke im Porzellanmuseum. Ein Film, der im Museum gezeigt wird, vermittelt einen Eindruck von der interessanten Geschichte der auch heute noch erfolgreichen Manufaktur *(Kossuth Lajos utca 140, April–Okt. tgl. 9–18 Uhr, ansonsten Di–So 9 bis 16.30 Uhr, www.porcelanium.com).* Wenige Kilometer weiter, in Bánd, lohnt die Einkehr in ein originalgetreu restauriertes schwäbisch-ungarisches Hirtenhaus mit Pferden, vielen Haustieren und einem einladenden Restaurant. *Udvarház, Bánd, Petőfi utca, Tel. 88/36 15 24, €€*

Veszprém **(112/B 2)**
12 km von Balatonalmádi. Das kulturhistorische Herz der Stadt (65 000 Ew.) ist die Burg von 1776, die man durch das Heldentor betritt. Am entgegengesetzten Ende, von den Standbildern des Herrscherpaares Stephan I. und Gisela, hat man einen wunderbaren Blick bis zu den Gipfeln des Bakony-Gebirges. Auf dem Burgberg erzählen fünf Kirchen Geschichte. Die älteste erhaltene ist der Dom St. Michael (1001) und eine Perle der Frühgotik die Gisela-Kapelle mit ihren Apostelfresken *(Mai bis Mitte Okt. tgl. 9–17 Uhr).* Benannt ist sie nach der Frau des ers-

Stolz erhebt sich der Burgberg mit seinen Kirchen über Veszprém

ten ungarischen Königs Stephan I., der ihr, einer bayerischen Herzogstochter, in Veszprém im 11. Jh. eine Burg baute. Dem königlichen Erlass, dass auch alle zukünftigen Königinnen in der Stadt gekrönt werden sollten, verdankt Veszprém den Beinamen *Stadt der Königinnen.* Im Museum der Königin Gisela ist Kirchenkunst ausgestellt. Das wertvollste Stück bildet ein golddurchwebtes Messgewand von 1480 (*Vár utca 35, Mai–Mitte Okt. tgl. 9–17 Uhr).* Ein architektonisches Juwel des Barock ist das Erzbischofspalais. Es kann auch im Rahmen von Führungen besichtigt werden *(Mai–Mitte Okt. 9–16 Uhr, die Führungen beginnen zur vollen Stunde).*

BALATONFÜRED

☛ **Stadtplan in der hinteren Umschlagklappe**

(112/B 3) ★ Der älteste und einst mondäne Bade- und Kurort am Balaton (15 000 Ew.) hat sich noch viel von seinem altehrwürdigen Charme und Villencharakter bewahrt. Seinen besonderen Ruf verdankt er dem milden Klima, dem Wein und vor allem der Heilwirkung des Füreder Wassers. Das alte Dorf Füred liegt jedoch nicht direkt am See, sondern am Fuß des 316-m-Hügels *Tamás-hegy.* Oben am Berg lebten die »normalen« Menschen, die Bauern und Kleinadeligen, unten am See residierte die exklusive »gute« Gesellschaft – der unterschiedliche Charakter dieser beiden Welten zeigt sich auch heute noch.

1772 erlangte Balatonfüred offiziell den Status Heilbad und entwickelte sich im 18. Jh. zu einem Kurort der Elite des Landes. Von Füred aus fuhr das erste Dampfschiff über den See, und auch der erste Segelclub wurde hier gegründet. Intellektuelle wie der Dichter Sándor Kisfaludy sowie fortschrittliche, aufgeklärte Aristokraten wie Graf Széchenyi bildeten den Kern einer kulturellen, wirtschaftlichen und politischen Elite. Graf Széchenyi ließ den *Gyógy tér* gestalten, der an der Nordseite noch immer im Originalzustand erhalten ist. Auf Széchenyi geht auch die Entwicklung Balatonfüreds zum renommierten Herzzentrum zurück. An der Stelle der einstigen Badehäuser am Gyógy-Platz steht heute eine Herzklinik, in der jährlich etwa 10 000 Patienten, darunter zahlreiche Ausländer, behandelt werden. Balatonfüred ist nach wie vor ein gepflegter Kurort, eine Stadt mit kulturhistorischem Ambiente und Niveau.

BESICHTIGUNGEN

Blaha Lujza utca

Die Straße geht vom zentralen Platz des Kurzentrums ab, dem Gyógy tér (Platz der Genesung), und nahezu alle Gebäude in der Straße stehen unter Denkmalschutz. Benannt ist sie nach der Operettendiva *Blaha Lujza,* die sich hier 1867 eine Sommervilla bauen ließ. Den Abschluss der Blaha Lujza utca bildet die architektonisch interessante *Rundkirche* von 1846.

Horváth-Haus

An der Westseite des Gyógy tér befindet sich das Horváth-Haus. Seine Mauern könnten Romane erzählen, denn die 1798 erbaute und 1843 nach einem Brand im klassizistischen Stil wieder errichtete Villa der Familie Horváth von Szentgyörgy war der Treffpunkt der Intelligenzia und der feinen Gesellschaft des 19. Jhs. Das Horváth-Haus sah hitzige politische Debatten, wilde Feste und war nicht zuletzt Gastgeber für den legendären *Anna-Ball*, zu dem alles anreiste, was in Ungarn Rang und Namen hatte. Er fand erstmals im Jahr 1825 am Namenstag der Hausherrin Anna Szentgyörgy Horváth statt. *Ady Endre utca 13*

Kurpavillon/Trinkhaus
Gegenüber dem Sanatorium am Gyógy tér liegt das klassizistische Trinkhaus aus dem Jahr 1800. Es wurde direkt über der *Kossuth-Quelle* errichtet. Das Wasser hier ist frei zugänglich, man kann also davon trinken.

Pantheon
Das hinter der Kossuth-Quelle liegende Gebäude beherbergt in seinem Arkadengang ein Pantheon mit Gedenktafeln von Persönlichkeiten, die sich im 19. und frühen 20. Jh. um Balatonfüreds Entwicklung verdient gemacht haben. Dem *Hotel Árkád* nebenan sieht man von außen nicht an, dass es einen Saal im prächtigen Dekor des 19. Jhs. hat. Dort findet seit Jahren der *Anna-Ball* statt. In dem Hotel mit ansonsten sehr einfachem Standard wohnen vorwiegend Patienten des Sanatoriums. *Gyógy tér 1*

Rabindranath-Tagore-Promenade
Balatonfüreds Mittelpunkt am Ufer ist eine Allee mit Panoramablick: die platanengesäumte Tagore-Promenade. Sie verdankt ihren Namen dem indischen Dichter Tagore. Er begründete nach einer Kur im Jahr 1926 den Brauch, dass prominente Herzkranke, die geheilt wurden, dort einen Baum pflanzen. An der zum Hafen führenden Mole treffen Besucher auf ein Wahrzeichen des Sees: die Plastik *Balatoner Wind von Miklós Borsos.*

Reformierte Kirche
Die Reformierte Kirche im oberen Ortsteil steht in einer Umge-

Was zum Strandleben gehört, wird auf der Promenade feilgeboten

bung, die noch ahnen lässt, wie es im alten Dorf Füred einmal aussah. In der nahe der Kirche beginnenden *Siske utca* gibt es noch einige alte Bauernhäuser. Die klassizistische Kirche mit ihren Girlanden im Zopfstil datiert aus dem Jahr 1829. *Kossuth utca*

Tamás-hegy/Lóczy-Höhle
Am Fuß des Berges Tamás liegt die 120 m lange, 1894 entdeckte Lóczy-Barlang-Höhle (am Ende der *Öreghegyi utca*) mit ihren von Thermalwasser ausgespülten Nischen. Von der Höhle geht es weiter zum Jókai-Aussichtsturm. *Lóczy-Höhle: Mai–Sept. Di–So 10 bis 17 Uhr*

MUSEUM

Jókai-Emlék-Museum
Das einstige Sommerhaus des Journalisten, Romanciers und Parlamentariers Mór Jókai (1825–1904), erbaut 1870 im Stil der Neorenaissance, erinnert an den phatasievollen Erzähler und Balaton-Fan. *Honvéd utca 1, März bis Okt. Di–So 10–18 Uhr*

RESTAURANTS

Arany Korona étterem
Typisches Dorfgasthaus mitten im eigentlichen Ort Füred. Fisch-, Wild- und Geflügelspezialitäten, dazu Wein vom Balaton. *Kossuth Lajos utca 11, Tel. 87/34 39 16, €€*

Baricska Csárda
Wenn alle Plätze gefüllt sind und die Zigeunermusiker aufspielen, dann werden Sie einfach mitgerissen von der Stimmung und dem Ambiente der populären Csárda. *Széchenyi utca, Tel. 87/58 00 95, €€*

Kedves Kávéház
Prima Kaffee und Kuchen. *Blaha Lujza út 7, Tel. 87/34 32 29, €€*

Stefánia Vitorlás
Direkt am Seeufer bei der Mole. Im Sommer abends Livemusik und Programm. *Tagore sétány 1, Tel. 87/34 34 07, €€*

HOTELS

Annabella
Großhotel mit allem Service, von der Gastronomie bis zum Wassersport. 50 m vom Strand. Tennisplätze. *388 Zi., Deák Ferenc utca 25, Tel. 87/34 22 22, Fax 34 30 84, www.hungary.net/hungarhotels/annabella.htm, €€*

Blaha Lujza
Einst die Villa der Sängerin Lujza Blaha, die hier 23 Jahre lang die Sommer verbrachte. Das schöne Anwesen wurde komplett renoviert. Besonders das Restaurant – mit guter Küche – vermittelt noch immer einen originalgetreuen Eindruck vom Glanz vergangener Zeiten. *22 Zi., Blaha Lujza út 4, Tel. 87/58 12 10, Fax 58 12 19, hotelblaha@matavnet.hu, €€*

Flamingo
1999 erbaut, sehr angenehme Architektur und Atmosphäre, Privatstrand mit schöner Aussicht auf die Halbinsel Tihany. *90 Zi., Széchenyi utca 16, Tel./Fax 87/34 37 07, €€€*

Gombás Kuria
Der Landsitz der Kleinadeligen-Familie Gombás, Mitte des 18. Jhs. als Kelterhaus mit Wohnbereich erbaut, ist ein wunderschönes Zeugnis eines Hauses im volks-

tümlichen Barockstil. Im alten Ort Füred. *9 Apartments, Arácsi utca 94, Tel./Fax 87/34 00 80, €€*

EINKAUFEN

Die alten Märkte mussten weichen, dafür erhielt Füred ein Marktzentrum, das mit etwa 30 Ständen bestückte *71-Centrum* an der *Petőfi utca.* Hier bekommt man z. B. kulinarische Ungarnspezialitäten wie Salami, Honig, Weine; Kunsthandwerk wie Stickereien, aber auch Mode und das auch sonst auf Märkten übliche praktische Alltagsangebot.

CAMPING

Eine komplette Ferienwelt für sich ist die Anlage Füred Camping (940 Plätze). Mit Strandbad und Riesenrutsche, Tennis, elektrischer Wasserskianlage, vielfältiger Gastronomie und Shoppingpassagen. *Széchenyi utca 24, Tel. 87/58 02 41, Fax 58 02 42, www.balatontourist.hu*

FREIZEIT & SPORT

Der Schiffsanleger und die Tagore-Flanier-Promenade machen das Ufer im Kurzentrum von Balatonfüred aus. Die Strände an der weiten Bucht liegen östlich (Kisfaludy- und Városi-Strand) und westlich (Camping Füred, Hotelstrände). Tennis spielen kann man z. B. auf den Sandplätzen des Hotels Agró (*Fürdő utca 24*). Der Segelsport hat in Füred eine große Tradition (*BYC Yacht Club Balatonfüred, Zakonyi utca 2*). Im Jahr 2000 wurde hier auch eine Weltmeisterschaftsregatta ausgetragen. Für Wanderungen, Radtouren oder Autoausflüge gibt es bei *Tourinform* die kostenlose Broschüre *Ausflüge in und um Balatonfüred.*

AM ABEND

Die *Tagore sétány* und die *Mole*, die zur Bühne wird, sind im Sommer Veranstaltungsorte für populäre Events wie Folklorefestivals. Von Juni bis Sept. gibt es Operettenkonzerte sowie Klassik (z. B. im Theatersaal des Hotels Árkád). Diskos findet man vor allem in Ufernähe in der *Zákonyi utca (Galéria diszkó, Wagner diszkó).*

AUSKUNFT

Tourinform
Petőfi Sándor utca 8, Tel. 87/34 22 37, Fax 34 05 66, E-Mail balatonfured @tourinform.hu

ZIELE IN DER UMGEBUNG

Balatonszőlős (112/B 3)
5 km von Balatonfüred. Die denkmalgeschützte reformierte Kirche ist eines der besterhaltenen mittelalterlichen Gotteshäuser des Oberlandes, das heute noch genutzt wird. Sie wurde im 14. Jh. im gotischen Stil erbaut. *Fő utca*

Koloska-Tal (112/B 3)
1 km östlich des alten Dorfes Füred liegt *Balatonaracs*, ein netter Ortsteil von Füred. Etwas nördlich liegt das Koloska-Tal. Überragt wird es von dem 345 m hohen *Péter-hegy.* In dem idealen Wanderrevier hat sich der Bach tief in die Sedimentsschichten des einstigen Pannonischen Meeres eingegraben. Nahe dem Tal liegt das Gasthaus Koloska (an der Straße 71 ausgeschildert). Sie

können auch reiten. *Koloska Csárda, Koloska völgy, Tel. 87/ 48 18 33, www.miwo.hu/koloska, €€*

Tótvázsony **(112/A 3)**
10 km von Balatonfüred, in einer weiten Ebene, von hügeliger Waldlandschaft umgeben, liegt Tótvázsony. Die spätbarocke reformierte Kirche des Ortes (1200 Ew.) wurde 1791 erbaut. Im Wald liegt das Schlosshotel Fürstenhof mit Pool, Tennisplatz, Reitangebot, Kutschfahrten und recht gutem Restaurant. *Hotel Fürstenhof (Cseri Kastély), 35 Zi., Tel. 88/ 26 60 46, Fax 26 61 14, €€*

BALATONSZEPEZD/ ZÁNKA

Ein dörfliches Juwel ist Baltonszepezd (**111/F 5**), ein kleiner Ort mit 450 Ew. am Fuß des Öreg-Berges. Dicht an dicht, von schönen Natursteinmauern und blühenden Vorgärten umgeben, bilden die Häuser und Gassen – hügelauf und hügelab – ein stilles, schönes Ensemble. An der Árpád utca, die sich von der Anhöhe mit zwei Kirchen bis zum Strand windet, sind auch noch alte Reetdachhäuser zu sehen. Der Nachbarort Zánka (**111/F 4**) mit 1200 Ew. ist vielen Ungarn ein Begriff, denn hier verbrachten Tausende von Kindern ihre sozialistisch organisierten Ferien. Die ehemalige Pionierstadt – sie wird heute als Europas größtes Kinder- und Jugendzentrum betrieben – ist 209 ha groß, hat einen eigenen Hafen, einen Bahnhof, Restaurants, Theater und eine Freilichtbühne. Der eigentliche Ort Zánka liegt 1 km landeinwärts.

BESICHTIGUNGEN

Reformierte Kirche **(111/F 4)**
Sie wurde im Mittelalter erbaut und mehrfach verändert. Im Innern blieb jedoch einiges aus dem 12. Jh. erhalten, so die romanischen Säulen, die die Kanzel tragen. *Zánka, Fő utca*

Römisch-katholische Kirche **(111/F 5)**
Das romanische Gotteshaus wurde im 13. Jh. um gotische Elemente ergänzt und im 18. Jh. im Barockstil umgebaut. Toreingang und Portal sind gotisch. Die Kirche liegt oberhalb der Straße 71, im Sommer stehen die Bänke unter freiem Himmel. *Balatonszepezd, Árpád utca*

RESTAURANTS

Weingarten (Gasthaus & Vinothek) **(111/F 5)**
Am Hang mit Blick auf den Plattensee. Hausmannskost. Vinothek mit den Weinen der Region, Weinverkostungen. *Balatonszepezdfürdő, Tel. 87/46 87 63, €€*

Zsiráf Eszpresszó **(111/F 5)**
Das kleine charmante Gartencafé mitten in Balatonszepezd serviert eine gute *turó torta* (Quarktorte), Petit Fours und leckeres Eis. *Dózsa György utca 6, €*

HOTEL

Villa Katerina **(111/F 5)**
Von der behaglichen Familienpension am Hang mit Terrasse und zwei Tennisplätzen am Haus kann man Balaton-Panorama pur genießen. Eigener Steg am See. *9 Zi., Balatonszeped, Petőfi utca 27, Tel. 30/9 42 37 77, €€*

Trotz Abbaus wirkt er noch mächtig, der Basaltkegel Hegyestű

FREIZEIT & SPORT

Zánkas lange Strände gelten als Paradies für Kinder und Eltern. Hier ist das Wasser seicht, fällt nach 50 m tiefer ab, sodass auch Erwachsene gut schwimmen können. Auf dem *Reiterhof Zánka* kann man nicht nur ausreiten und reiten lernen. Hier gibt es auch zünftige Bauernhochzeiten und Zigeunershows. *Zánka Lovasudvar, Fő utca 51, Tel. 87/48 20 91*

AUSKUNFT

Tourist Info **(111/F 5)**
Balatonszepezd, Badacsony utca 25, Tel./Fax 87/46 84 56

Info-Tourist **(111/F 4)**
Zánka, Rákóczi utca 63, Tel. 87/46 85 24

ZIEL IN DER UMGEBUNG

Hegyestű **(111/E 4)**
4 km von Zánka. Fährt man ins Balaton-Oberland Richtung Köveskál, ist der gigantische Basaltkegel *Hegyestű* (Spitze Nadel) ausgeschildert. Der Blick von der Basaltkuppe auf das Káli-Becken und den Balaton ist wunderbar. Wie monumental der bereits zur Hälfte abgebaute Berg ist, erleben Sie besonders intensiv, wenn Sie den ehemaligen Steinbruch besichtigen. Bis zum Infozentrum mit den Ausstellungsgebäuden kann man fahren, dann geht es zu Fuß hinauf. Unter freiem Himmel gibt es beim Infozentrum eine *Steinesammlung* zu sehen, und ein *Lehrpfad* zeigt, wie Basalt abgebaut wird. Infozentrum/Ausstellungsgebäude (Geschichte des Basaltbergbaus und besondere Fundstücke). *Tgl. März/April 9–16 Uhr, Mai–Sept. 9–20 Uhr, Okt./Nov. 9–16 Uhr*

BALATONUDVARI/ ÖRVÉNYES

Das Dorf Balatonudvari **(112/A 4)** mit 350 Ew. und der Flecken Örvényes **(112/B 4)** mit knapp 200 Ew. haben eines gemeinsam:

Hier sind Besucher noch Gäste, nicht Touristen, und sie erwartet eine stimmige Dorfatmosphäre. Beide Orte sind ideale Ziele für Reisende, die Ruhe, einen guten Wein, Ausritte oder Wanderungen in noch intakter Natur zu schätzen wissen. Der kleine Bahnhof, eine Galerie, die Dorfstraße mit noch traditionellen Häusern und ein gepflegter ruhiger Strand sind das Herz von Balatonudvari. Der alte Ortskern von Örvényes ist durch die Landstraße 71 und die Bahnlinie vom Strandbereich des Dorfes getrennt. In beiden Orten gibt es nur Privatquartiere.

BESICHTIGUNGEN

Friedhof Balatonudvari **(112/A 4)**
Als romantisches Zeichen seiner Liebe meißelte ein Steinmetz, dessen Verlobte im Plattensee ertrunken war, einen Grabstein in Herzform. Und so mancher in Balatonudvari tat es ihm nach. Die herzigen Steine stehen unter Denkmalschutz. *An der Straße 71*

St.-Emmerich-Kirche **(112/B 4)**
Der drei-Straßen-Ortskern von Örvényes liegt an der zwischen 1778 und 1783 erbauten St.-Emmerich-Kirche. Das Haus Nr. 38 von 1887 ist ein schönes Beispiel für volkstümlichen Baustil. *Szent Imre utca*

Wassermühle **(112/B 4)**
★ Ein pittoreskes Stillleben am Ortseingang von Örvényes: Auf dem Hügel nahe der Straße 71 liegt die romanische Natursteinkirche auf dem kleinen Friedhof, ihr gegenüber die romantische Wassermühle *vizmalom* (1211 errichtet) mit einem Museum in der Stube des Müllers. Nur wenige Schritte weiter überspannt eine zweibogige barocke Steinbrücke aus dem 18. Jh. den Bach Pécsely. Das Bachtal ist im Sommer ein schöner Wanderweg. *Öffnungszeiten der Mühle tgl. 9 bis 16 Uhr*

RESTAURANT

Laci Pince Csárda **(112/A 4)**
Das reetgedeckte Ensemble mit Weinkeller und großer ☀ Terrasse ist ein idealer Platz, um die Seele baumeln zu lassen. Genießen kann man hier eine phantastische Aussicht auf den Balaton, die gute regionale Küche und gute Weine aus eigenem Anbau (z.B. trockenen Welschriesling und Grauen Mönch). *2,5 km von der Straße 71. Balatonudvari, Öreghegy, Tel. 87/44 98 22, €€*

FREIZEIT UND SPORT

Das Balatonufer zwischen Örvényes und Balatunudvari hat noch schöne schilfbestandene Abschnitte und steht östlich von Balatonudvari bis zur Halbinsel Tihany unter Naturschutz. Beide Orte haben Strände; der von Balatonudvari liegt beim Dorfzentrum neben dem Bahnhof. Reiten können Sie in der *Udvari Lovastanya,* (kleine Reitschule, acht Pferde, Ponys, Kutschfahrten). Sie liegt am Ortsrand und man kann direkt ins freie Gelände ausreiten. *Balatonudvari, am Weg längs des Friedhofs, Tel. 87/44 93 45 und 30/937 87 22*

CSOPAK

(112/B 3) ★ Das 700 Jahre alte Weindorf (1500 Ew.), umgeben von Reben und Obstgärten, wird durch die Schneise von Bahn und Straße, die hier dicht nebeneinander verlaufen, sehr hart in zwei Hälften geteilt. Der alte Ortskern mit der Hauptstraße liegt 1 km nördlich der Straße 71 am Hang. Südlich der 71, von Buchten begrenzt, gibt der Ferienbetrieb den Ton an, vor allem entlang der Orkay István sétány. Der Weinanbau hat in Csopak eine über Jahrhunderte ungebrochene Tradition. Davon zeugt eine Reihe von *Kelterhäusern,* die man bei Spaziergängen in den Weinbergen entdecken kann.

BESICHTIGUNG

Reformierte Kirche
Eine spätbarocke Hallenkirche von 1803 mit einem dreigeteilten Gewölbe. *Paloznaki utca 2*

RESTAURANTS

Dobó Vendéglő
Im Ortszentrum, mit schöner Terrasse im Innenhof und lokalen Spezialitäten. Einen Versuch wert: der Rinderbraten in Wildrahmsoße mit Semmelknödel, zum Dessert Mandelpudding mit Hagebuttensauce. *Kossuth utca 103, Tel. 87/44 64 25, €€*

Linczy Pince Vendéglő-Borozó
Der Weinkeller der Winzerfamilie Tamás Linczmayer mit dem kleinen Gartenrestaurant liegt etwas versteckt. Man muss ein paar Schritte von der Straße abwärts zwischen zwei Häuser hindurchgehen. Die Reben reichen bis zur Terrasse, und man hat einen schönen Blick auf die Balatonbucht Kerekedi. *Berekháti utca 34, Tel. 87/44 62 94, €€*

Malom Csárda
Ein Idyll am Bachufer. Das Mühlrad des 150 Jahre alten Anwesens dreht sich noch immer. Hauseigene Spezialitäten sind selbst geräucherte Würste oder Hirtenbraten. *Veszprémi utca 3, Tel. 87/44 60 63, €€*

HOTELS

Ágas Panzió
Ein familiäres Haus mit Restaurant am Ortsrand. *6 Zi., Löcedombi út 6, Tel./Fax 87/44 66 21, www.hotels.hu/agas_csopak, €€*

Petrol
Hotelkomplex am Balatonufer, mit Restaurant, Pool und Tennisplatz. *49 Zi., 10 Apartments, Örkény sétány 1, Tel./Fax 87/44 64 10, www.molhotels.hu, €*

FREIZEIT & SPORT

Vor dem 12 000 m^2 großen Strandbad mit Riesenrutsche, in einer schönen Balatonbucht gelegen, können Sie einen Schluck Heilwasser aus der *Csopaker Sauerwasserquelle* trinken. Sie liegt direkt am Strandbadeingang. Tennisplätze haben die größeren Hotels, z.B. das *Petrol.* Von der Schiffsanlegestelle legen abends Promenadenschiffe zu Mondscheinpartys ab. Für ausgedehnte Wanderungen durch schöne Täler, Wein- und Hügellandschaften ist Csopak als Ausgangspunkt ideal (z.B. *Király-kút-Tal, Csákány-Berg oder Péter-Berg*).

AUSKUNFT

Csopak Tourist
Zimmervermittlung, Veszprémi út 33, Tel. 30/9 57 61 15, Fax 87/44 69 42

ZIEL IN DER UMGEBUNG

Paloznak **(112/C3)**

Wenn Sie von Csopak 2 km durch die Paloznak utca am Abhang eines Hügels zu dem benachbarten Weinort (350 Ew.) fahren, werden Sie von Weinpflanzungen begleitet, die sich zu beiden Seiten der Straße hinziehen und zur Rechten bis hinunter an den Plattensee reichen. Paloznak hat noch einen geschlossenen hübschen Ortskern, und es macht Spaß, durch die kleinen Straßen zu spazieren. Eine Besichtigung wert ist das Heimatmuseum in einem 200 Jahre alten Reetdachbauernhaus. *Fő utca 6, Di–So 15–20 Uhr*

TIHANY

(112/B4) ★Die wunderschöne Halbinsel Tihany (1800 Ew.) ist ein Kleinod, das sich kein Plattensee-Urlauber entgehen lassen sollte. Auf welchem Weg man sich dem Idyll auch nähert – per Fähre (Fahrtzeit von Szántódrév bei Siókok z. B. 10 Min.) oder auf dem Landweg – schon die Fahrt über den Balaton oder entlang des Ufers ist ein Erlebnis. Tihany ragt 5 km weit in den See hinein, ist 12 km² groß und steht schon seit 1952 unter Naturschutz. Geradezu überwältigende Ausblicke auf den Balaton hat man vom Plateau hinter der Abtei und der dort beginnenden Promenade Pisky. Von der Abtei führen die Wege abwärts, vorbei an denkmalgeschützten Fischerhäusern und reetgedeckten Höfen aus dem typischen grauen Basalttuffstein. Heute leben die Menschen hier nicht mehr vom Fischfang, sondern vom Tourismus: An manchen Tagen kommen bis zu 30 000 Besucher an diesen besonderen Ort. Und es ist angesichts der wenigen Parkplätze ratsam, Tihany zu Fuß zu erobern.

Wer mit der Fähre ankommt, kann den Wagen nahe dem Anleger abstellen und mit einer kleinen Bahn zur Abteikirche ins Zentrum hinauf- und wieder hinunterfahren. Wer den speziellen Charakter der Halbinsel erleben möchte, findet ihn in schönster Intensität in den Frühlings-, Herbst- und Wintermonaten.

BESICHTIGUNGEN

Abtei

★ König András (Andreas) I., der die Benediktinerabtei Tihany gründete, wollte die Klosterkirche im Jahr 1055 zur Begräbnisstätte für alle ungarischen Könige machen. Doch nur er selbst wurde in der über die Jahrhunderte erhalten gebliebenen romanischen Krypta beigesetzt. Die Türken scheiterten zwar an dem zur Festung ausgebauten Kloster, doch es fiel trotzdem der Zerstörung anheim: Der Wiener Kriegsrat ließ die Anlage niedermachen. Die heutige Abtei wurde in den Jahren 1740–1754 im Auftrag des Abtes Ágoston Lécs auf den alten Fundamenten erbaut. Im Gegensatz zum eher schlicht anmutenden Äußeren des barocken Gotteshauses mit den Doppeltürmen ist die Innenausstattung blendend schön. Die weitgehend vergoldeten Holzarbeiten an der Kanzel, den Altären und am Orgelgehäuse sind das Werk des österreichischen Rokoko-Schnitzers Sebastian Stuhlhoff, der 25 Jahre lang